AF278690

LA LÉGITIMITÉ

EN FACE DU CONGRÈS

DES

PUISSANCES CHRÉTIENNES

> Nous sommes fous à cause de Christ;
> mais vous êtes sages en Christ; nous
> sommes faibles, et vous êtes forts; vous
> êtes dans l'honneur, et nous sommes
> dans le mépris.
>
> (1re Ep. de saint Paul aux Cor.,
> ch. IV, v. 10.)

PARIS

E. DENTU, LIBRAIRE-ÉDITEUR

GALERIE D'ORLÉANS, 13, PALAIS-ROYAL

1859

IMPERIAL
TIMBRE
SEINE
5
cen

LA LÉGITIMITÉ

EN FACE DU CONGRÈS DES PUISSANCES CHRÉTIENNES

I.

Maintenant que l'Europe est pleinement rentrée dans le champ de son critique problème historique, qu'elle repousse, même en partie officiellement, la base positive ou chrétienne du droit public et, partant, du progrès moral seul réel ; qu'elle se laisse aller ou plutôt conduire vers le pôle négatif de ses conditions toutes matérielles et réactives ; il importe autant à la conscience publique de se hautement prononcer, qu'il incombe à la publicité de l'éclairer et la guider. C'est une sainte tâche du moment suprême, mais d'autant plus sérieuse et obligatoire que les pouvoirs hiérarchiques, soi-disant conservateurs, l'ont rendue aussi difficile que méritoire, par leur téméraire évolution du déni du sens moral et impératif dans les lois divines et humaines.

Or si, pour la dixième fois au moins depuis que la célèbre Restauration européenne a follement supprimé le droit humain ou national, l'Europe agitée tremble dans ses assises, si les peuples de la Turquie frémissent d'indignation péniblement contenue ou refoulée, si l'Italie, luttant de sagesse et de désespoir national, n'attend que son extrême-onction pour son épreuve suprême de vie ou de mort, si enfin l'Allemagne hésite à s'offrir pour écraser la régénération d'un peuple et sa propre liberté qu'elle joncherait de ses morts et de ses ruines — où en est la cause péremptoire ou réelle ?

Elle gît incontestablement dans le cynisme rationnel du droit biblo-économique qui, dans ses vues, excite, bride ou flatte les appétits séculaires de l'État pseudo-germanique, affriandé et gonflé des spoliations latines et slaves, dont il empêche l'émancipation réparatrice en Italie et en Turquie dont hier encore il acceptait le démembrement.

Pour masquer ces vues et ces convoitises, étouffer les remords de ces tortures, paralyser les efforts convulsifs des peuples écartelés, engourdir enfin la conscience chrétienne des victimes et même des bourreaux, on usait de toute imposture historique, politique et religieuse, et on a fini par dégrader et détruire sciemment le caractère et l'effet moral et souverain des vérités éternelles de la foi et de la conscience chrétienne.

La révolution française n'en était que le réactif sanglant, il est vrai, mais sans elle l'Europe succombait par l'abrutissement autocratique, comme avec le triomphe complet du droit naturel ou humain seul, elle succomberait par la dégradation zoocratique.

« C'est de la certitude de nouvelles doctrines que l'humanité doit attendre une vérité qui puisse la sauver d'une nouvelle chute morale, vu que l'anarchie révolutionnaire, l'imposture politique et religieuse ont tellement perverti le sens moral des principes, des tendances et des croyances, qu'il faut nécessairement qu'une telle vérité puisse s'imposer spontanément à la foi comme à la raison pour que l'humanité puisse se relever par son efficacité virtuelle et législatrice. » — Voilà ce que dit H. Wronski, dans son ouvrage : RÉFORME PHILOSOPHIQUE DU SAVOIR HUMAIN.

Napoléon Ier a donc sauvé jadis la civilisation de son double danger, attachée fatalement aux deux extrêmes sociaux, pas autrement que parce que son profond génie synthétique a pressenti et conçu l'union et l'équilibre du droit humain ou national avec la loi de l'autorité morale inconditionnelle. De sorte que sa synthèse sociale et politique est reconnue et même acceptée par la philosophie moderne sous la formule de *l'accord de la foi et de la science*. C'est donc au premier Empire que la France doit la solution du grand problème de l'équilibre social entre l'esprit et la matière humaine.

Mais alors, comme aujourd'hui, tout ce qui se sentait menacé dans ses fruits d'imposture et de spoliations, tout ce qui tremblait pour son monopole ou son parasitisme, accusait Napoléon Ier d'être la démocratie couronnée, tout comme les peuples l'accusaient de l'ambition despotique, ne pénétrant pas la portée salutaire et pratique de l'unification de deux souverainetés nationales, dans la formule : « *Par la grâce de Dieu et le suffrage national.* »

Alors, comme aujourd'hui, on forçait l'Autriche, la plus gonflée des déprédations slaves et latines, de se mettre en avant pour la défense de la légitimité qu'elle a écrasée en Bohême, en Hongrie, et qu'elle venait seulement de détruire en Pologne ; à défendre le germanisme, elle qui n'a cherché qu'à étouffer son unité et qui n'est Allemande que pour la septième partie de ses États ; à jouer le rôle de l'empire romain, elle qui ne possédait pas même la Lombardie ; à protéger le droit *divin*, elle qui n'a grandi que par la perfidie envers les papes et tous les voisins ; à défendre enfin la religion, compromise par ses orgies d'athéisme, et de son cynisme permanent dans l'emploi illicite et sacrilége des moyens spirituels.

L'Autriche, cette antithèse étonnante de toutes les qualifications qu'elle se donne, ne représentait réellement que le droit du plus fort, que l'usurpation, qui lui offrira volontiers sa bourse pour payer ses craintes, le sang de ses forçats gladiateurs et ses désastres, pourvu qu'elle arrête l'affranchissement de l'Europe pour quelques générations, et recule son développement politique, scientifique et économique. Si alors les peuples avaient pu prévoir que le conservatisme les payera de quarante ans de réaction, l'Europe jouirait aujourd'hui de son libre arbitre, de la pondération purement morale, et serait libre.

Et où en est-on arrivé par la sainte-alliance? Que la suprême loi morale des sociétés n'est que le succès seul; que la politique ne veut plus connaître d'autre guide que le chiffre de millions, de vaisseaux ou de bataillons, et que tous les trois rites chrétiens trafiquent des vérités éternelles au profit et au service de la plus évidente antithèse religieuse.

L'Europe ne se doute même pas de la gravité du danger qu'elle court, avec un fatal aveuglement, par l'extinction totale des certitudes morales, laquelle mène forcément à la destruction de toute base réelle de stabilité sociale et politique, dès le moment où les croyances se faisant esclaves des pouvoirs, et la foi repoussant les lumières rationnelles et vraiment conscientes, se laissent entraîner par indifférence ou par calculs corporatifs, à lutter et à servir contre les lois irréfragables et impératives de leur Code sacré.

Puisque la base immuable des sociétés est ainsi anéantie, et qu'aucune pondération des intérêts, même émancipés, ne la suppléerait point, il s'ensuit nécessairement que les pouvoirs, les croyances et la société entière sont à la merci du premier événement qui saura les dominer par la force, l'astuce, l'imposture ou n'importe quel prestige de bien-être matériel, ou la crainte du danger.

Voilà pourquoi il faut absolument rallier toutes les aspirations prévoyantes du monde pensant vers cette urgente nécessité du Salut public; et puisque la formule lumineuse apparaît à l'horizon, au lieu de s'en détourner, ou même de vouloir l'éteindre, il faut seconder cette fertile et propice virilité historique de la France. Il faut donc fixer résolûment le principe indestructible et le but suprême, impératif de l'État, dans la garantie du progrès physique et moral de la société; — car ce n'est que par là qu'on peut mettre un terme aux révolutions, et uniquement par là q'uon peut aborder le problème subséquent des destinées de l'humanité.

Or, les croyances stérilisées et ébranlées n'y suffisent plus; le sentiment général demande des certitudes que la science rationnelle offre et peut donner; — l'homme veut être conscient dans sa foi; il exige une clarté proportionnée à sa portée intellectuelle; il entend, il lit qu'il doit être lui-même l'auteur de sa régénération spirituelle où animique, pendant que ses doc-

teurs ne diffèrent encore de lui en rien ; il aspire involontaire-
ment à l'immortalité, sans en avoir ni l'idée ni les moyens ;
ceux qui la lui promettent n'en ont pas plus la conscience que
lui, ne la réalisant pas plus pour eux-mêmes.

Il faut que le christianisme s'accomplisse ; qu'outre l'hygiène
qu'il offre il sorte de l'état mythique où il languit et s'éteint
graduellement par son emploi perversif ; sans cela, ni la justice,
ni le progrès, ni les sciences morales, politiques et économiques ne seraient qu'un empirisme et l'expérimentation *in
anima vili*.

II

On a beau crier à l'anarchie sociale, à l'impiété, vous ne
moissonnez que ce que vous avez semé. L'ivraie vous empoi-
sonne, dites-vous ; et qu'avez-vous fait de la bonne graine ?
C'est le voleur qui est volé. Aujourd'hui même qu'une seule des
vérités chrétiennes méconnues suffirait et au-delà pour arrêter
la perturbation politique, que fait-on en face des spoliations
homologuées par vos traités ? Paternelle Autriche, philosophique Allemagne, dites-vous, oui ou non, que pour ce qu'il s'agit
des démembrements, l'Évangile n'est qu'une lettre morte ?

Vous vous dites gravement pouvoirs chrétiens, Ministres
d'État et du Saint-Évangile de tous les trois rites, et les peuples
vous prennent pour la centième fois en flagrant délit d'imposture de vos actes et de vos décrets contre l'esprit et la lettre
impérative de vos croyances ! Il n'y a donc de criminel que ce
qui combat vos usurpations et les revendique ?

Est-ce par le déni de toute justice même civile, de tout sens
moral du droit naturel, de tout devoir envers les peuples, que
vous englobez et absorbez, que vous êtes chargés du saint devoir, de la grave et consciente responsabilité de les conduire
vers les destinées providentielles par l'athéisme ? L'Évangile
vous dit-il qu'il suffit des casernes, des palais, des temples, des
cabarets et de la vapeur pour qu'ils soient doux, croyants et bien
gouvernés ?

Desséchant ainsi, par votre égoïsme anti-social, la source
qui seule alimente la morale, qu'allez-vous donner au siècle altéré du sang inutilement versé, altéré de plus par la soif sy-
siféenne dans son tytanique labeur ? La science le redouble,
l'agiotage le décuple, et, hélas ! vous le stimulez par les arme-
ments inouïs pour défendre et perpétuer l'anti-christianisme mis
en péril par le réveil de la conscience universelle, qui a fait
tressaillir jusqu'aux entrailles de la Russie même ?

Si donc, après tant de secousses, d'épreuves et de poignantes
douleurs de sa régénération, l'Europe évoque et voit enfin la

justice, couronnée par le peuple-Roi, endosser sa toge virile, l'entend déjà, avec attentif respect, prononcer dignement sur la légitimité des démembrements et la sainteté de l'ilotisme par la primordiale inviolabilité des nations, quel nom portera le règne qui expire, et quel terme saluera l'heureuse évolution vers le droit national et l'équilibre moral?

Or, il est aussi impossible de cacher, que difficile, dangereux et honteux de nier la destructive antithèse du droit public et du droit social actuel, car elle menace visiblement toutes les situations : les États, les nations, les pouvoirs, les croyances, et leurs inhérents intérêts de stabilité, de liberté, de sécurité, avec des progrès physiques, animiques et intellectuels.

Et pourtant, quelle duplicité et quelle hypocrisie raffinée dans les sphères parasites des sociétés, qui maudissent jusqu'à l'é-mancipation du serf en Russie ! — Si les penseurs publicistes, économistes, théologiens, les tribunes législatives et scientifi-ques, jusqu'aux trônes et aux autels, admettant le droit national à l'égal de la souveraineté morale ou divine, — reconnaissent leur validité par l'inséparable spontanéité de leur nature, les trouvent profondément gravés dans la conscience universelle, il faut donc nécessairement les prendre pour l'unique base rationnelle de tout édifice social, politique et religieux, si l'on veut conjurer les orages. Dès le moment où cette haute vérité, déduite de la nature même de notre être, sera admise comme principe impératif, elle rejaillira d'une vitalité salutaire, elle gagnera des prosélytes éclairés, et l'avenir de la civilisation aura posé un jalon qu'aucune réaction ne pourra plus déplacer. Car si aujourd'hui le droit humain ou national se dresse déjà contre les homicides effets de sa négation regalvanisée par l'égoïsme et la peur, si l'on maudit la sacrilége perversion du droit divin, si l'on repousse la réhabilitation de l'esclave, imposée par la morale chrétienne, quel effet produira-t-on sur les peuples écrasés par la croix ou le turban, si, pour toute solution entre la force et la justice, ils n'entendaient que les sentences ortho-doxes : « Silence esclave ! obéis, souffre ou meurs ! » De telles paroles, dorées des droits soi-disant légitimes des États conqué-rants, seraient-elles, oui ou non, de vraies torches incendiaires? et le bouleversement qu'on redoute, pourrait-il trouver des agents plus ardents, des apôtres plus éloquents que vous-mêmes, terribles conservateurs?

Et pourtant personne n'a voulu avouer, comme personne n'a voulu comprendre à l'époque de Napoléon Ier, que, sans la mis-sion rationnelle, chevaleresque et historique de la France, re-levée par le premier Empire, la civilisation touchait à l'abîme, si ce génie incomparable n'avait pas arrêté l'extinction des croyances, des principes et des hiérarchies constitutives. — Même de nos jours les conservateurs ne veulent pas reconnaître que, faute de toute vérité immuable qui serve de point d'appui moral et protecteur, que le second Empire vient heureusement de consolider, la révolution surnageait, passait son inflexible niveau sur l'Europe et détournait les conquêtes morales et intellectuelles au profit exclusif du matérialisme, — et cela après dix-huit siècles de christianisme et sa néfaste perversion au dix-neuvième.

Et, pour que l'immense progrès matériel, ne trouvant plus de contrepoids ni de frein moral dans les luttes des intérêts politiques et économiques des peuples, ne vienne crouler à son apogée même par la dégradation animique de la société, il est grand temps de fixer, pour lui obéir, au moins une seule vérité sociale supérieure inconditionnelle. — Car l'Europe dévore le temps, l'espace et la subsistance de générations futures, comme les pouvoirs viennent de détruire ses croyances et cherchent même à engloutir ses destinées pressenties par la foi, mais définies par les sciences philosophiques.

Le Traité de Paris, sauvegardant les États et rassurant les peuples sur un meilleur avenir, a fait plus pour la paix de l'Europe, à lui seul, que maintes batailles n'auraient jamais obtenu sans sa pénétration profonde à guider le rôle providentiel de la France. Il a formulé et posé la future unité chrétienne, rationnelle et ethnographique de telle manière, que si les orages accumulés ne viennent pas entraver cette œuvre dans ses développements, toute suprématie de race ou de croyance, continentale ou maritime, deviendra impossible, vu que la complicité qui menacerait l'indépendance d'une nation serait punie par la réaction du libre arbitre des autres. S'il y a de quoi être surpris, c'est plutôt du jugement superficiel de ceux dont il sauvegarde l'avenir que du ressentiment de ceux dont il entrave l'ambition, les convoitises ou l'inertie calculée.

III.

La politique moderne ne peut plus s'appuyer que sur la base de sa double réalité humaine, l'esprit et le corps, elle ne peut donc que procéder par des certitudes irréfragables, des principes sociaux, rationnels et religieux, pour tenir l'ordre établi en équilibre entre l'esprit et la matière sans préjudice à leur progrès simultané ou intermittent.

Depuis l'origine des sociétés, la science à tous degrés et sous toutes ses formes, accessibles à ses facultés, observait, sondait ou analysait l'inépuisable vitalité et la fécondité de la nature dans son admirable économie morale et physique, poursuivait l'ordre, l'équilibre et l'union mystérieuse entre l'esprit et la matière, entre le ciel et la terre, entre Dieu et l'homme, pour en déduire la réalité individuelle et la finale destinée sociale, — et toujours, comme partout, le savoir s'arrêtait au sentiment, à l'idée de la foi invincible, à un seul moteur spontané et universel, créateur et recteur.

Quand les sciences, d'accord avec la foi antique et révélée, prononcent que la vie, le bien, la vérité et l'âme, sont la même essence, Dieu, la politique tenant la balance entre le droit humain ou zoocratique et le droit divin autocratique, a pu inaugurer juridiquement la célèbre synthèse d'équilibre que Napoléon Ier avait pressentie et formulée dans les Constitutions Impériales.

Si l'avenir moral de l'Europe est pour la deuxième fois lié à cette salutaire et philosophique synthèse, on ne peut mieux saisir sa portée régénératrice et progressive, que par la sourde terreur de tout droit usurpé, de toute spoliation injuste, de toute violence ou monopole de la ci-devant sainte alliance, qu'il n'est plus possible de reconstituer sans la Russie qui vient de la briser par un effort chrétien sur elle-même.

Cet équilibre scientifique s'inscrit de nos jours sur l'arche d'alliance des conquêtes humaines, et bien qu'on le doive à l'ascendant victorieux de la foi populaire de la France, il s'impose aussitôt aux sciences, aux intérêts, aux tendances et à l'opinion de l'Europe, il éveille l'écho de la conscience publique, et qui mieux est, il réédifie les croyances ébranlées par la perversion du sens moral, et le christianisme avili et sacrifié aux intérêts purement matériels des pouvoirs dégénérés.

Par l'application loyale de la synthèse moderne, les peuples renaissent à leur avenir, les pouvoirs s'épurent, les principes d'ordre social et religieux se réhabilitent, la stabilité est fixée, l'humanité aborde le problème de ses destinées, de plus en plus évidentes et élevées, et l'Europe, en fermant l'ère des révolutions, entre confiante dans le cycle de sa régénération.

Il est à observer, qu'à l'époque du premier Empire, comme aujourd'hui, le parti réactionnaire ne voyait dans cette synthèse que la révolution incarnée; le parti démocratique, au contraire, redoutait l'absolutisme partout où il rencontrait l'ordre rationnel c'est-à-dire la hiérarchie sociale ou religieuse, — car, alors, comme aujourd'hui, la perfidie ne cherchait qu'à discréditer la vitalité du nouveau régime, et la bonne foi ne savait pas se mettre près du point d'appui des deux extrêmes, qui fait l'équilibre tant désiré. Si le temps permet que la lumière se fasse, que les hommes de bien, pénétrés des conséquences salutaires, reconnaissent et adoptent la synthèse du droit public moderne, si la sagesse récipro-

que amène le dénouement si chaudement évoqué dans la crise
actuelle, s'il n'y a pas de parti pris pour en tenter la rupture
par les armes, mais par la discussion en face de l'Europe de plus
en plus portée à réprouver l'usufruit des spoliations ; la solution
viendra graduellement par la force de la vérité qui s'impose de
soi-même, et elle pourra un jour, qui n'est pas trop éloigné, prendre le nom de liquidation pour cause d'abus de pouvoir, de ban-
queroute et de sécurité publique. L'Europe compterait moins
d'empires hétérogènes, remplacés par des nations rendues à leur
vie historique, l'équilibre moral succéderait à la pondération
matérielle ; elle ne veillerait plus à la caducité astucieuse ou
inerte ni à la turbulence désespérée ; elle puiserait dans la vitalité productive des affranchis, elle rayerait le chapitre des spoliations de son droit public, en y insérant l'acte final du rôle
des uns et de renaissance autonomique des autres.

Telle est la portée de la synthèse actuelle, telle est la justice
chrétienne, tels sont l'esprit, la tendance et la foi de l'époque ou-
verte par Napoléon Ier; tels sont enfin les devoirs qui incombent
à ses successeurs légitimes par la transmission de son esprit.

Grâce aux progrès scientifiques qui pénètrent à la source
cognitive des croyances et de leur utile autorité, les esprits supé-
rieurs en France comme en Angleterre, en Italie comme en Allemagne, même en Espagne et en Russie, rappellent hautement au
sens moral, au devoir et à la pudeur publique les champions de
l'intégrité des spoliations, — et au lieu de penser qu'on ébranle
l'ordre social et politique qui fait le bonheur des vaincus, qu'on
le sacrifie au terrible inconnu, ils avouent sans fausse honte,
que ces complices pouvoirs expient par cette angoisse un long
passé d'entente inique pour s'être constitués en but suprême et
inexorable de tendances historiques, morales et économiques
des nationalités subjuguées.

IV

L'Empire, c'est la paix. — Oui, la paix intérieure d'abord,
car elle a replacé la France au pôle positif de sa mission historique ; la paix extérieure ensuite, car détachant la Russie de la
coalition permanente, elle ôta la force exécutive à la sainte-
alliance ; enfin la paix sociale, politique et religieuse, car l'union
rationnelle du droit humain et moral constitue l'équilibre de
tous les éléments nationaux.

Si donc la question moldo-valaque est tranchée par l'impos-
sibilité d'une intervention, si le réveil de l'Italie se dénoue pa-
cifiquement, si l'Autriche ne s'aveugle pas sur la fidélité de ses
trente millions de sujets non allemands, si l'antagonisme sécu-

laire contre la France ne cherche pas à exciter l'Allemagne engraissée des dépouilles slaves et latines, oui, l'Empire c'est la paix. — Mais si l'on rêve le Saint-Empire romain comme une position stratégique pour tenir les deux autres races en échec, pour entraver leur développement politique, économique et géographique, on n'est qu'un insensé; car comment supposer que quarante millions d'Allemands puissent résister à cent soixante-dix millions de deux autres races, en cas que le génie du mal provoque un jour cette menaçante question ethnographique? C'est alors que l'Empire français dévient la Providence de la liberté, de l'avenir et de la civilisation morale de l'Europe.

Est-ce à dire qu'on cédera à cette virile renaissance, et à cette initiative chrétienne et chevaleresque qui a de si nombreux points d'appui pour son levier, qu'elle ferait crouler à l'instant la maudite Babel; qu'on reconnaîtra l'irrésistible nécessité de la justice religieuse, politique et économique; qu'on obéira au cri de la conscience publique? Non; car la ténacité à prendre et à garder le bien d'autrui l'emportera sur toutes les autres considérations. Tel est le plus saillant caractère de la race germanique. Leurs philosophes, légistes, érudits, théologiens, compulseront les traités, les codes, les archives; fouilleront gravement le nouveau et l'ancien testament pour en rétorquer quelques phrases ambiguës, et prouveront dogmatiquement, comme en 1848, à Francfort, qu'on a droit à la fidélité de l'esclave, à son emploi inconditionnel, à user même du glaive pour disposer de son âme, comme pour posséder son corps, sa terre natale, son travail et son avoir, et le droit divin germanique sera pour eux toujours.

Mais si le problème grandit et s'élève à la hauteur du libre arbitre historique de chaque peuple, si l'antagonisme des races est formulé avec plus de relief, si l'Allemagne veut considérer comme droit ce que la morale, la religion et la conscience humaine réprouvent et condamnent comme lèse-nation, la question pourrait acquérir des proportions d'une calamité générale. Aucun État ni aucun pouvoir ne saurait s'ériger en Providence, et avec la pudeur du pharisien se laver les mains du sang versé pour défendre l'esclavage.

Et cependant on pactisera plutôt avec Boudha, Manès, Mahomet ou l'enfer contre le Christ, et on ne cédera qu'à la force, car la foi des traités et les usufruitiers des spoliations le veulent ainsi; la sainteté de l'homme n'est qu'une fable de rêveurs; sa sujétion seule est sainte et du droit public, depuis qu'on a restauré l'Europe en 1815.

On ne cédera pas; car aucune race, aucune suprématie, caste, imposture, conquête ou fraude, n'ont jamais cédé que réduites

à l'impuissance, jamais par mobile moral, d'une vérité impérative sociale, religieuse ou politique.

Mais on a beau braver la morale, on arrive à la situation où,
pour forcer l'esclave à se battre pour son maître, on use de tous
les arguments propres à exercer sur lui le prestige, jusqu'à lui
faire river ses chaînes de ses propres bras.

Aujourd'hui, l'opinion atteint les plus infimes rangs de la société, elle pénètre même dans les casernes, d'où l'on extrait des
colonnes serrées. — Si on se flatte de conduire les masses cette
fois-ci contre leurs évidents intérêts, c'est qu'on oublie ce
qu'elles ont appris, que les États conquérants n'ont jamais voulu
entendre parler de justice, pas même quand ils n'avaient rien à
craindre des sujets conquis. L'histoire est là, et le peuple la lit
à sa manière.

L'assimilation matérielle n'est plus possible que par la foi et
le progrès ; mais si la domination contredit tous les deux, la
conscience nationale se réveille, la dissolution s'opère, et la domination, sans un lien souverainement moral, a fait son temps ;
— le courant historique a renversé l'obstacle séculaire.

V

Quiconque aime et observe l'ascendant des lumières sur les
instincts des masses, ne peut que se réjouir du réveil spontané
des nationalités, rassurées par une généreuse et chrétienne initiative formulée dans le traité de Paris, et aussitôt à l'œuvre.
Personne ne redoute plus la fantasmagorie de coalition que le
génie usurpateur cherche à refaire et se flatte d'armer et lancer
contre l'invincible vérité et la force de l'opinion actuelle ; c'est
une chimère que la peureuse crédulité payerait par une déban-
dade dont l'histoire n'offre pas d'exemple. — La réaction le sait,
elle en voit des preuves, elle n'ira pas plus loin. Où il n'y a ni
patrie, ni droit, ni conscience, il ne peut y avoir ni fidélité, ni
devoir, ni honneur à défendre le drapeau, qui est l'emblème de
dix siècles d'imposture politique et de perversion religieuse de
l'État, qui est la plus étonnante antithèse de toutes les qualifications qu'il se donne en Europe.

De nos jours il n'y a plus moyen de frauder : la science se fait
plus chrétienne que les croyances, la politique plus charitable
que la théologie, l'économie politique plus humaine que le ca-
téchisme, et l'Hôtel-Dieu ou la salle d'asile plus respectés que
les cloîtres et les séminaires ; — conséquemment toute duplicité,
toute hypocrisie sont aussitôt retournées contre les tendres gar-
diens des bergeries convoitées.

Quand les idées sont si vite en contact, les intérêts en frottement, quand les usines industrielles vivent sur les fonds des laboratoires scientifiques, quand les principes physiques et moraux en travail cyclopéen élaborent cet immense progrès en tout genre, l'astuce pygméenne rebondira de leur acier à chaque coup, à tout choc même prémédité.

Sans un principe avouable et tenu pour vrai, on ne maintient pas en obéissance passive les peuples, ni la discipline des forçats déguisés en soldats, — et les champions du droit aux spoliations ne peuvent pas trop compter sur ces croisés-là.

La vigueur du droit national et la virilité historique de l'humanité, aux époques marquées par la Providence, devraient imposer à la caducité suprématique une vertu de nécessité, lui ôter l'illusion de pouvoir, remettre à l'encan les lambeaux palpitants d'une nation quelconque, ou jouer sur un trait de plume sa vie ou sa mort saintement homologuée dans un article du traité. — C'est cette vérité-là qui fait la force de ceux qui osent la révéler et la crainte de ceux qui cherchent à l'éteindre; — c'est la clef de l'énigme et sa solution.

Mais si la publicité aborde parfois ce grand problème de notre époque dans ses causes et leurs effets matériels et pratiques, elle omet ou évite à dessein la définition philosophique de leur essor moral à leur point de départ, on pourrait dire génétique.

Il fallait remonter jusqu'à cette source originelle et créatrice pour en faire jaillir la nécessité rationnelle de la régénération sociale, la garantie morale de son progrès et de son avenir, pour aboutir, par la définition scientifique, à l'évidence dogmatique de la légitimité actuelle. C'est le pourquoi primordial, principe religieux et social dont la solution doit abriter les destinées de l'Europe, qui manque encore de relief, ou qui a été effleuré plutôt que posé.

Portons la cognée à la racine du mal, retranchons-en ce qui est gangréné et menace de contagion; mais le ministère intellectuel impose le respect obligatoire envers l'arbre humain; conservons-lui sa séve et sa mystérieuse fécondité; respectons surtout le flambeau vivifiant des vérités inconditionnelles, et par cela même sacrées.

Or, si ce n'est tel ordre social ou politique, tels croyance, science ou pouvoir qui puissent souverainement guider les sociétés vers le bien-être matériel et moral, il y a nécessairement des vérités vitales en dehors de leur prétendue suffisance, de leurs formes stériles, usées ou perverties, puisqu'elles surgissent constamment de la virtualité humaine, si peu développée qu'elle soit, et l'éclairent parfois d'une lumière plus vive, plus pénétrante ou plus fidèle.

La nature a des secrets, la foi des mystères, l'humanité des destinées qu'il nous est difficile de pénétrer et de saisir. — Cependant si l'homme est créé à l'image de Dieu, si le Christ a promis l'avénement de l'Esprit-Saint qui devait nous découvrir toutes les vérités, où est la vraie cause que nous ne sachions presque rien sur Dieu, sur la nature, sur l'âme et son immortalité, et surtout si peu sur nous-mêmes? Que faut-il penser et croire de l'humanité, de ses droits et ses devoirs, de ses guides et ses moyens, et surtout de ses destinées finales? Le Verbe créateur vit-il en elle, la protége-t-il dans ses défaillances, plane-t-il dans les espaces inabordables, habite-t-il les temples, les mosquées, pagodes ou synagogues, ou n'a-t-il pas préféré et choisi le centre moteur de nos consciences pour son unique sanctuaire, comme nous l'enseigna le Christ, nous montrant sa vertu créatrice et son exemple à imiter et à atteindre? Si ce n'est pas le seul et unique moyen de comprendre et d'obtenir l'immortalité par soi-même, y en a-t-il un autre? Ces questions sont par trop sérieuses et nous touchent de trop près pour qu'il soit plus longtemps permis aux docteurs de la loi de les écarter et de les remplacer par l'hygiène morale, qui est excellente pour les écoles primaires. — L'humanité demande des certitudes au lieu du mysticisme qui l'a rendue incrédule et ingouvernable. — Car si on laisse la philosophie résoudre rationnellement les dogmes, c'est elle qui accomplira la foi et se fera religion.

Or cette conscience motrice, sans forme arrêtée ni rite déterminé, sans échelle hiérarchique quelconque, converge toujours vers un point donné de l'activité sociale, elle y produit un foyer concentrique entretenu bien ou mal par l'action des pouvoirs. — Sa force, sa durée et la stabilité de sa base morale, uniquement réelle, sont proportionnées aux convictions produites par la gestion des intérêts nationaux que ce pouvoir satisfait. L'économie de cette vitalité ou plutôt de cette puissance collective n'est dominée exclusivement ni par la foi, ni par la science, ni par les intérêts et besoins physiques, mais c'est leur concours spontané et permanent, qui donne seul l'expression consciente et pondérable de toutes les facultés d'un peuple, — et c'est de cette résultante qu'on déduit sa tendance rationnelle et la voie à suivre dans sa validité historique. Cette vibration latente au diapason national, c'est l'opinion publique; mais l'important, c'est de savoir, dans un cas donné, la condenser ou la résumer dans un terme, formule ou mot d'ordre juste, qu'il s'impose ou réagisse sur la conscience collective, dont il soit l'exacte synthèse avec la vérité souveraine qui gouverne l'humanité et l'y ramène au besoin.

Sans cette garantie des principes créés par la morale inconditionnelle, il serait criminel de remuer les fibres nationales, de raviver les haines séculaires, de réveiller les instincts assoupis des droits lésés, de soulever enfin le voile d'imposture et d'antagonisme des races qui couvait dans les plis de subversifs traités, et ici les faits révoltants ne sont que de l'importance secondaire, mais la coupable négation des vérités éternelles, dont l'extinction fait crouler les sociétés, est tout. Venez donc dire, docteurs chrétiens, coranistes et talmudistes, que telle possession, tel droit et tel mépris de la conscience universelle qui dégradent notre droit public ne sont pas des crimes. Au nom de quelle mission historique, de quel problème social, politique, économique ou religieux, et vers quelle réalité morale dans les destinées humaines voulez-vous avancer?

Or, c'est de telles questions et de tels problèmes qu'il fallait poser, discuter et résoudre avant de crier : En avant ! osons, car nous vaincrons. La victoire matérielle ne prouve que la supériorité numérique ou stratégique, justement l'argument de la force, et par cela même destructif, qu'on n'a pas élucidé et développé suffisamment les augustes accents partis de la profondeur consciente et régénératrice. — Quand la morale violée réclame la justice, le principe du plus fort doit se taire, le glaive vient après la sentence du grand jury public. Il fallait démontrer qu'on va en avant de la mission nationale, et qu'en faisant prévaloir les aspirations ainsi coordonnées pour sa victoire, on approche le terme des destinées humaines, et quelles sont-elles?

VI

L'Europe a déjà tant de fois assisté aux gigantesques, mais alternatifs chutes et succès, qu'au lieu de s'en glorifier, elle pourrait plutôt se voiler la face et gémir de son deuil honteux, entendant mugir l'insolent écho de la ci-devant sainte-alliance, — elle devrait rougir d'opprobre de voir et d'entendre aujourd'hui même maudire la virile parole de l'Oint du Seigneur, et menacer son peuple roi couronné, dans sa mission historique qu'on voulait enchaîner ; — c'en est une épreuve sublime !

Dans quelques jours, le masque tombera à toutes ces hypocrisies de légalité, de piété et de Providence paternelle, — écoute peuple le plus chrétien d'entre les nations de la terre, rien que par tes œuvres de génie, d'héroïsme, de patriotisme et d'humanité, car à Londres comme à Madrid, à Berlin comme à Varsovie, à Turin comme à Pétersbourg et jusqu'à Moscou relevée par l'émancipation, d'un bout à l'autre de l'Europe s'élève déjà un écho, un sentiment, la même idée et la même voix d'admiration pour ton élu, de bénédiction pour ta France, et de réprobation justement méritée pour les trafiquants des peuples et de leur labeur.

Si donc après tant de luttes sanglantes et héroïques, l'Europe revient encore à son problème d'avenir rationnel, si elle se recueille et se prépare aux sacrifices nouveaux, qu'au moins tout cœur qui souffre et espère, tout esprit qui éclaire et combat, seconde la justice de tout son pouvoir, pour qu'elle sorte enfin victorieuse de cette épreuve suprême.

La gravité de la situation n'échappe à personne, il y aura des obstacles sérieux à surmonter, mais il y a aussi des ressources à peine pressenties qui viendront peser dans le plateau de la vérité chrétienne si longtemps outragée. — Loin d'exciter les passions nationales, laissons l'opinion, les principes et les intérêts mûrir au foyer vivifiant de la conscience universelle. Il faut que le principe réparateur frappe tous les esprits par son évidence, qu'il se fasse force et vertu pour se poser irrésistiblement en cause commune.

Rien ne se fait plus aujourd'hui sans le pourquoi primordial et sans la finalité rationnelle, — le progrès a dépouillé la foi et la politique de ses mystères perfides sous les formules sacramentales ; — la science et la publicité forcent la diplomatie et les croyances à plus de sagesse et de franchise, ce qui promet des solutions plus promptes et plus loyales à l'avenir.

Ainsi, l'important est de rendre évident que ce n'est pas parce que la France se sent invincible qu'elle a le droit d'imposer et veut faire prévaloir son principe d'autorité et d'organisation sociale dans l'Europe absolutiste, mais que la suprême raison d'état de son existence, de sa sécurité et de son avenir, comme l'aînée des nations chrétiennes, la convie, la sollicite et la force à faire accepter la justice pour base réelle, immuable, du droit international qui cependant ne saurait exister sans la liberté des peuples qui composent les États contractants.

Quand le but du droit aussi légitime qu'obligatoire pour tout le monde, est si clairement défini, il justifie en même temps les moyens d'action pour l'atteindre. L'Empire actuel aura cet immense avantage d'initiative noble et réparatrice qui le préserve d'avance de retomber dans les erreurs du glorieux mais sanglant passé où la France paraissait plutôt vouloir terrifier pour vaincre, que de convaincre et désarmer ses adversaires avant de tirer son épée libératrice.

Paris. — Imp. de L. Tinterlin et Cᵉ, rue Neuve-des-Bons-Enfants, 3.

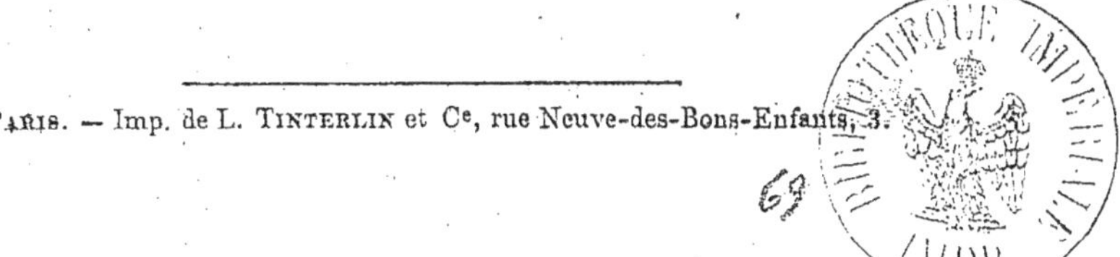